I0883985

Sharon Coan

Créditos de publicación

Rachelle Cracchiolo, M.S.Ed., *Editora comercial*
Conni Medina, M.A.Ed., *Gerente editorial*
Jamey Acosta, *Directora de contenido*
Dona Herweck Rice, *Realizadora de la serie*
Robin Erickson, *Diseñadora de multimedia*

Créditos de las imágenes: págs. 3, 12 ©iStock.com/Victor Pelaez Torres; pág. 4 Steve Hix/Fuse/Getty Images; pág. 5 Ariel Skelley/Getty Images; pág. 7 Karin Dreyer/Getty Images; pág. 8 ©iStock.com/satori13; pág. 9 ©Flirt/Alamy; pág. 10 Peter Dazeley/Getty Images; pág. 11 Fuse/Getty Images; págs. 6, 12, contraportada ©iStock.com/Shannon Fagan; todas las demás imágenes de Shutterstock.

Teacher Created Materials
5301 Oceanus Drive
Huntington Beach, CA 92649-1030
http://www.tcmpub.com

ISBN 978-1-4938-3028-2
© 2016 Teacher Created Materials, Inc.
Printed in China WAI002

comunidad

trabajador de la salud

trabajadora de la salud

trabajadora de la salud

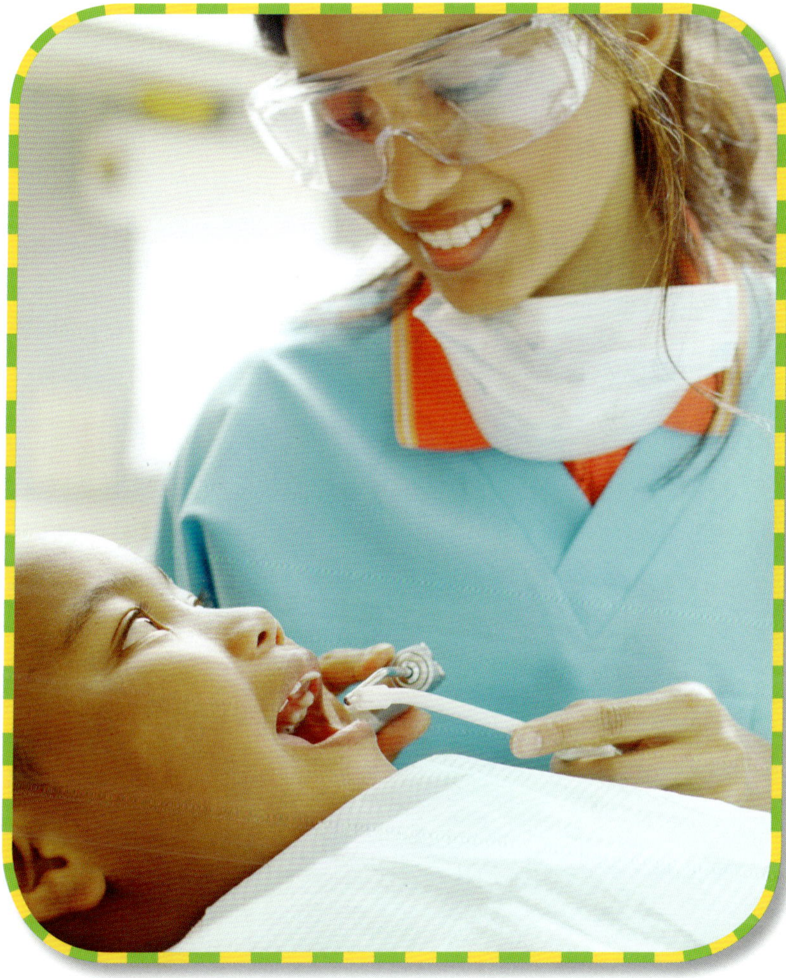

trabajadora de la salud

trabajadores de la seguridad

trabajadora de la seguridad

trabajador de la seguridad

trabajador de la seguridad

Palabras para aprender

comunidad

trabajadora

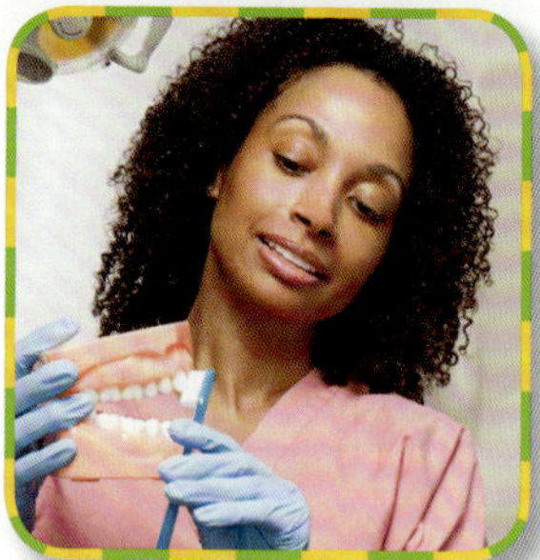